一代名净

上海戏剧学院附属戏曲学校 编

赵致远 编注

序 / 郭宇

半个世纪的嘱托 / 赵致远

谈京剧架子花脸的表演 / 侯喜瑞

上编 侯喜瑞身段谱 / 001

下编 侯喜瑞艺术生涯 / 112

侯喜瑞大事记 / 176

后 记 / 张斯琦

中西書局

《战宛城》侯喜瑞饰曹操

《连环套》侯喜瑞饰窦尔敦

《取洛阳》侯喜瑞饰马武

《牛皋下书》侯喜瑞饰牛皋

《黄鹤楼》侯喜瑞饰张飞

《淮安府》侯喜瑞饰蔡天化

序

◎ 郭 宇

    侯喜瑞先生是戏剧界尽人皆知的净行宗师，在数十年的舞台生涯中，他以精湛的表演技艺，创造了一个个灵光四射的舞台形象，至今仍为界内外人士所称道。上海市戏曲学校的老校长俞振飞先生就曾说过，在他一生的舞台经历中，最佩服的就是侯喜瑞和芙蓉草（原名赵桐珊，京剧旦角，扮相俊俏，嗓音清亮，念白爽利，表演细腻，以情取胜；且多才多艺，亦能老生、花脸、老旦，使场面锦上添花）两个人，无论什么戏，只要有这两个人在，效果就完全不一样了。侯喜瑞先生晚年舞台演出很少，转而将大量精力投入到京剧艺术的教学传承中，为培养学生呕心沥血，为众多后学指点迷津，可以说侯先生既是一位舞台表演大师，又是一位哺育人才的明师。

    侯喜瑞先生与上海戏校有很深的渊源，1961年侯先生曾专程来上海，为戏校师生讲学授艺，并亲身为学生示范演出了他的代表作《牛皋下书》，许多那时的学子至今还记忆犹新。他的弟子袁国林、尚长荣和本书作者赵致远，曾先后在戏校教授《盗御马》《取洛阳》《牛皋下书》《阳平关》等侯派花脸剧目。侯派花脸的艺术风格，对上海戏校的花脸传承有很深的影响。对侯喜瑞先生珍贵的艺术遗存进行整理、出版，对上海戏校来说是责无旁贷的工作。

    此次出版的《一代名净侯喜瑞图典》，在体例上大致分为上编与下编两个部分——

    上编是"侯喜瑞身段谱"，包括《战宛城》《连环套》《取洛阳》《芦花荡》《牛皋下书》《打严嵩》及"八大拿"等侯派净角的代表剧目，由侯老亲传弟子赵致远先生为剧照做注解。侯喜瑞先生亲身示范了京剧架子花脸的手、眼、身、法、步，为今天的后学者树立了典范。这些剧照不仅仅是历史资料，更是学习京剧花脸艺术的不二法门，为我们今后的教学工作提供了一份重要教材。

    下编是"侯喜瑞艺术生涯"，介绍了侯喜瑞先生一生的从艺经历，有许多罕见的史料，既可看到侯先生辛勤耕耘的个人历程，更可从中窥见京剧辉煌时期的风貌。杨小楼、梅兰芳、程砚秋等艺术大师，与侯喜瑞共同缔造了一个民族戏剧艺术的"鼎盛春秋"，这是中国艺术史上灿烂的一页。这段历史，对于当下京剧艺术的从业者，无论演员、老师、学生，都是一种鼓励，一种鞭策，一种希望。

    京昆艺术，与中华文化的其他艺术形式一样，重传承，重规矩。从前人的文化遗存中寻求养分，是一件至关重要的事。这就要求我们在民族戏剧艺术的传承工作中，重视搜集、整理、研究前辈大师的艺术史料，在此基础上，发掘用以指导舞台实践及教学工作的内容。与时俱进，并不意味着放弃传统，而是更深层面的理解和尊重。

无论是教学还是创新，只有对这些经典范例经过不惮其烦的反复修习与琢磨，才可能有所感悟乃至得到凝练和提升。以史为鉴，小到一出戏的演法或是一个流派的风格特色，大到京剧艺术的指导原则、精神，都将有不小的收获与启示。这也是近年来上海戏校坚持进行京昆史论研究、不断出版成果的原因。我认为这是一个非常有意义的工作。

（作者系上海戏剧学院副院长、戏曲学院院长兼附属戏曲学校校长）

半个世纪的嘱托

　　1962年1月15号我拜侯喜瑞先生为师,在拜师会上他拿出了一本书和一本相册郑重地送给我这个十七岁的小徒弟。那本书是刚刚出版的侯老谈艺的《学习和演戏》,相册里就是今天收在这本《一代名净侯喜瑞图典》中的三百多张架子花脸身段谱的照片。

　　拜名师又收到这样的礼物我喜出望外,看着师父激动不已,而侯老却凝神正色很是认真,花白的胡须不停地颤抖着似乎是想说些什么、嘱托我什么。

　　后来我知道了,这本书和这些资料照片是根据梅兰芳先生"为硕果仅存的老艺人写书拍照,记录他们的艺术成果"的提议,北京戏研所派出专人来为侯老写书为他拍照。

　　拍照工作就在侯老家的四合院正房前院进行。那时侯老已年近七旬离开舞台多年了,可是他身体力行打开戏箱取出行头、盔头、道具、靶子,坐了下来勾脸扮戏化妆,在两个多月的时间里侯老把他一生的代表作一一演示,相机为此做了记录。

　　侯老从艺八十年的历程就是京剧艺术发展的一部历史。

　　侯老自幼进喜连成科班坐科学艺,为第一科喜字辈学生。他坐科七年受到最规范的基本功训练,后又投师黄润甫深造,在与杨小楼、余叔岩、梅兰芳等艺术大家的合作中不断地学习汲取营养,与时俱进,逐渐地形成了独特的表演风格,受到梨园内外的广泛称赞,被誉为侯派。至今他的窦尔敦、曹操、张飞、牛皋、刘瑾等艺术形象仍是后辈学习效仿的圭臬典范。

　　瞬间凝聚为历史,在今天展现在我们眼前的这本图典不仅仅是用镜头记录下的老艺术家剧照,而且是一部京剧架子花脸最为规范的身段谱。侯老曾经演过三百多出戏中的不同角色,他在拍照留影时却精心挑选了其中最具代表性的十九出戏,几乎涵盖了架子花脸行当各个类型的角色。从扮相上说,蟒袍、官衣、开氅大不相同,而且扎靠、箭衣、马褂、侉衣、道坎、僧衣一应俱全。所用的道具马鞭、令旗、扇子、牙笏都有,刀枪把子、大刀、七星刀、单刀、朴刀、宝剑、双锏一一呈现,侯老为我们留下了架子花脸演员所应具备的技术与要求。

　　侯老如此详尽地记录下他每一出戏的脸谱、扮相、身段,是他留给我们传承培养新生一代的样板教材,其艺术价值历史价值无可估量。

　　风云变幻,历尽沧桑,侯老这部分老照片却意外地保存下来。2013年,我和张斯琦怀着卞和献璧的心情来到上海戏剧学院,见到了郭宇副院长,小心翼翼地展现了珍藏的侯老照片,直道出版保存的愿望。

　　郭宇副院长郑重地说:这些照片很珍贵,是侯老留下的宝贵的艺术财产,应该作为艺术院校传承学习的教材保留下来，出版事宜由我们来联系与担待。

对此我们喜出望外，急切地等待着上海戏剧学校的安排。

在2014年9月，出版侯老图典的编辑工作开始了，经贡献国书记交由陈为瑀老师具体操办。而且戏校专门为青年教师开设了学习侯派架子花脸课程，由侯永强副校长做了具体的安排。尹文卿老师先后学习了《牛皋下书》《阳平关》《长坂坡》《芦花荡》等侯派代表剧目，这在全国的艺术院校是首开先河。

在图典的编辑中最繁杂的工作是为侯老十九出戏的三百多张照片一一做出准确的标注讲解。同时还必须对侯老八十年艺术历程的资料做收集梳理。历史的责任感要求我们对此一定要做到准确完善。

为此张斯琦几乎跑遍了上海、北京、天津的图书馆，搜集到一批初次问世的历史文献资料，在图典中有史以来第一次列出了《京剧花脸流派艺术传承谱系》，第一次展示出喜连成科班头科"喜字辈"全体学生的合影照片，青年侯喜瑞列在其中。第一次刊登了梅兰芳先生在上海演出《西施》的舞台现场剧照。这都是极其珍贵的历史资料，张斯琦为此做出了不倦的努力和奉献。同样，张苏博士夜以继日的工作，尽心竭力地把侯老的每一张老照片作精心的修补，突出了侯老神采奕奕的原貌。

他们是80后、90后大学生、博士生，各有专业，学有所成，却非常热爱京剧艺术，为了侯老图典的付出的心血感人至深。

作为侯老的弟子我还应该感谢和宝堂、吴赣生二位先生以及王家熙老师，是他们把珍藏多年的有关侯老艺术资料无私地奉献出来，使这本图典能够较全面地展现侯派艺术的风采。

梅葆玖、尚长荣、孙毓敏几位大家也对侯老图典的出版予以关心鼓励。谢谢他们！

在侯老图典付梓出版之际，我对上海戏曲学校领导们的感激之情难以言表。是他们才使得侯老宝贵的艺术遗存得以留存后世，是他们才使得侯派艺术在上海戏校得以传承，后继有人。于国于民，其功德无量。

我是多么幸运，学艺之初竟得到侯喜瑞、裘盛戎这两位大师的亲传教诲，直到今天，他们好像时时在我身边陪着我，鼓励我。在这本图典的标注编辑过程中，多少次遇见坎了——侯老在这里到底是怎么走的？无言的启示瞬间竟会在懵懂中出现，使我顿悟觉醒：啊，是这样，就该是这样！

半个世纪过去了，想起当年侯老拿着书和相册交给我时，那抖动的双手，深切的目光，使我醒悟了：这是他郑重的传递，无言的嘱托。

仰望星空，我对恩师无限怀念。

传承侯裘，责无旁贷无怨无悔。

赵致远
2015年9月于上海戏剧学校莲花路校区

谈京剧架子花脸的表演

◎侯喜瑞

京剧的净行，有铜锤与架子之分，铜锤着重于唱工，架子着重于做工。京剧界有这样两句话："铜锤的嗓子，架子的膀子。"概括地区别了两种行当的不同特点。

演员塑造一个具体的人物形象，重要的就在于"形"与"神"两个字上。形是形态，要美，神是神情，要真。做到形态美，神情真，并不是一件简单的事。具体到每一个身段架式，在动、静、起、止中，都要做到稳健、美观、准确、有力，还得要有神气，有气魄，能出神传情。做到这种地步，方能达到所谓"画龙点睛，栩栩如生"的妙境。

京剧艺术，有着各种不同变化繁复的表演程式，都是从生活中提炼出来的，多少年来经过许多老前辈不断地加工锤炼，成为京剧表演的独特的艺术技巧。它虽来自生活，但与生活又有着一定的距离。比如京剧的指法，有喜指、怒指、悲指之分，表演喜指时，手指是似伸非伸；怒指是中指与食指并列挺直；悲指是手指微屈。这三种指法都有着生活的依据，人在怒火填胸时，肌肉必然是紧张的，手指出必然挺直；悲伤时，内心是缓而沉，因此手指微屈就能表现这种情绪。但在舞台上抬手指出时，动作却要圆而且美，要有所变化，不能完全同于生活动作。其他一些成套的表演程式，如起霸、走边、趟马等，也莫不是以生活为基础，并加以艺术处理，而成为戏曲表演的艺术技巧的。

所谓"架子的膀子"，就是说膀子对于架子花脸的表演有着极重要的意义，除膀子外，腰、腿、脚步，以及整个形体也都很重要，这些可以说都是架子花脸的表演材料。演员巧妙地运用自己的这些材料来构成一个具体鲜明的人物形象。这些材料的每一件都有它一套基本功夫，这是基础，掌握了这一套基本功夫，才可能把每一个架式做得优美地道，符合表现人物的要求。

架子花脸的基本功有这样一套口诀："膀如弓，腰如松，胸要腆，腕要扣，眼要精，起足重，落足轻。"

所谓"膀如弓"，就是膀臂张开成为弓形，要圆中透挺，不见棱角，拉一个"山膀"，起一个"云手"等都要在膀子上见功夫。特别是起"云手"，有时候两人对面同时起"云手"，动作要显得大，但又是谁也不能碰到谁。要有准确的部位，就离不开膀子上的功夫。

腰功是基本功中最主要的环节，过去老先生嘉誉一个演员常这样说："有腰、有腿，功夫真磁实。"可以把人体分为两部分：上部是头、胸、膀；下部是臀、腿、脚。腰居其中，起着枢纽作用，两部分的协同动作必须要通过腰。有些演员在表演一个身段或是走步时，上下身常常不能合辙，这是腰功不够的缘故。人们称这种腰为"折腰"，其意就是腰不起作用了。所谓"腰如松"，就是在挺立时腰要有松树那样刚劲；但是圆软时又要像棉花似的绵润。确切地说是要硬似铜，软如绵。在很多身段动作中，腰必须要有刚有绵，如立腰、垂腰、转腰、长腰、拖腰、腆腰等等都得要有刚有绵，或是绵中有刚，刚中有绵。腰功跟气又相联着，如长腰，就要用小腹往上提气，腰就能渐往上长，就能有形体增高的感觉。演员最忌"折腰"，倘若如此，等于总枢纽失灵，机件活动也就乱了。

胸要腆起，有精神。腰直立，胸即能腆起。如果缩胸，则两肩必耸，头也随着前倾，膀臂张开也就无力。所以，一定要腆胸，直腰，两膀拉成弓形方能好看。

"腕要扣"。腕子是膀子的重要关节，膀子的活动都是由腕子操纵。所谓扣，即两臂张开，手握拳往里扣，"虎口"（拳眼）要对着"虎眼"（胯骨轴）。决不能腕子向外扣，否则拳必扬起，肩也随着耸起，胸也腆不起来了。拳、腕、肩等部分活动时互相关联，一个部分怎样动，对其他部分有着牵制作用。

谈到腿，我想把它与脚步连在一起谈。舞台上的表演动作一戳一站，都需要坚实的基本功，但是不是只要基本功很坚实就算功到事成了呢？不然。因为戏曲表演艺术要求美观，因此必须把基本动作经过巧妙的安排与串连，比如"踢腿"这个较普通的动作，如果单钝地作为武功表演，那么腿踢得高就算好，但在演戏时就不一定越高越好，而要照顾到动作的美观。因此，类似这些小地方，我们就要精心地研究，耐心地琢磨。像"踢腿"的重要在于脚尖的动向，如果脚尖往上直起或是向内勾起，纵然踢得高，也还是显得姿态笨拙、不好看。应该将脚尖微往外斜一点，这样就能显得较为自然好看。另外像"跨腿"能否立得住，这也要有方法，硬找拙劲即使能勉强立住，也不能持久。要知道"跨腿"能否立得稳虽是腿上的功夫，但其决定关键却在腰上；在跨腿的同时应该用腹部提气直腰；把上身的重量用腰承担着，腿就轻松了，立住时就能稳如泰山。如果让一只腿承担了全身的分量，力不能支时，那只悬空的腿就必然会下坠。所以说腰是枢纽，道理就在这些地方。腰与气相连。我再举一例：比如《战宛城》中的曹操上场，锣鼓打【四击头】，但不要亮住，要走大步（抬脚尖，跺脚跟），立住抖袖、整冠、捋髯口，此时着重在腰上，用气提腰长神、眼微睁、作左右瞧状，森严威武的气势就能显露出来。在表演上帅台时，台上虽未实设三层台阶，动作是虚拟的，但要给观众以实感，这也需要运气提腰。如果不用气提腰长神，单凭睁大两只眼睛，就会把曹操演成傻子了。

由于腰功欠缺而影响腿的两种毛病：一种是"淌水"，犹如一人涉水过河，腿为水阻迈不开步，看来很吃力；另一种是"扔腿"，像木偶的腿，笨拙发死，欠活气。虽然毛病不同，然其原因却都是腰上没有提气，以致全身重量都压在腿上，这样步子当然很难迈得轻松好看了，因此，我们必须要知道每一部分动作都是与其他部分相互关连，相互牵引的道理。不仅表演动作如此，就是表演一种感情也同样如此。比如一个演技精湛的演员在表现悲凉沉痛的情绪时，他自己并未真哭而观众却已被感动得泪流满面了。其所以感人，并不单钝地在于那一刹那时间他的表演，而是促成悲凉沉痛的一系列的情节发展，他都能表演得层次不乱、有章有法，因而发展到顶点时，再深入一层的描绘下，就能赚人流泪。如果前面演得很乱，那么到了表演哭的一刹那，就是真的放声嚎淘大哭，我想观众也决不会随之流下同情之泪的，说不定还会引起全场大笑。

步法，舞台上一进一退，最忌的是废步。步法的节奏要掌握好，如快脚步、慢脚步、骑马的脚步、穿蟒的脚步等等，各有不同的节奏，不能乱；夹杂在各种身段中的步法如上步、倒步、撤步、蹉步、曲步、垫步、盖步、醉步等也莫不如此。脚步是根，根立得稳，身段架式才能美。步法要注意"起得重，落得轻"，重起能使段落、节奏清楚，轻落可以避免上身受影响而摇摆，也可以免去不必要的响声，扰乱表演情绪。做任何一个动作或是亮一个相，要使四面八方都能觉得好看，如果只从正面瞧好看，而背后左右却显得差劲，这就不合要求。必须要四面玲珑，光洁可爱。我们演员不但要熟悉台上，还得要深知台下，比如我们表演一个指天的动作，当抬手时就得要考虑到观众是否能清晰地看到你面部的神气。这时要高指，但不能过高，要掌握着"台上高一寸，台下高一尺"的尺寸，观众在座位中跟台上的演员成斜线角度，所以设计动作时必须要照顾到台下观众，演员决不能忘记台下的观众在看你表演。

有了动作还必须有神气，神气是表演艺术最重要的一个方面，动作缺乏神气，那就是空架子。神气的由来，首先靠理解与认识你所扮演的人物，然后再去运用技巧把他塑造出来。老前辈们常说"装龙像龙、装虎像虎"，要求一个演员表演一个人物要从内到外地把他体现出来。如果唱架子花脸的演员，只是凭换脸谱才能让人区别出人物的不同，其余都是一道汤，那就是换壳子而没有换瓢子。比如同为架子花脸应工的窦尔敦和费德功，前者是扶危济困的英雄好汉，后者是欺压良民的恶霸，在表演中要把他们严格分清，这就需要从内到外的分析、认识角色，然后方能用技巧准确地表现出来。以上场来谈，两人都是打【四击头】亮相出场，但窦尔敦出场就不能浑身上下拿着劲，不能端架子，头要平，不要昂起，也不作横眉恶眼的凶相，混身上下要放松，要刚健中显得平和，透过气宇轩昂的外表看出他的胸襟开阔和正义的气质。在【四击头】最后一锣，要稳着气用腰提气往上渐渐长身出神，从中透露出他是行得正、坐得正的英雄。费德功上场亮相则与此相反，在神态中要从剽悍里见到凶残，头向上昂，端架子，要把一个横行乡里欺压人民的地主本相从这个亮相里透露出来，千万不能一道汤没有分别。所谓"戏好学，神难描"，特别是京剧很多不同人物往往用的是同一种身段与同一种唱腔，稍不注意就会善恶不分。如何能在相同的身段程式中又能表现他们的不同，这就是描神的问题了。我以为神要描得好，必先要发于内而后形于外，内心是身段动作的根据，动作是表达内心的手段，演员必须要弄清这一点，方能做到意到神来。比如《战宛城》里的曹操在城门口的身段表演，如要全凭动作就使人明确了解他的内心状态：怀疑张绣之降是真是假；贸然入城是否会遇到伏击；他犹豫不决，回头看看典韦，典韦以手示意，告诉他大胆进城没有关系，然后他才挥鞭打马进城……那么这些表演动作就必须要有内心根据，才能使观众看了觉得真实，了解其中意思。

我们演戏，最怕对一个戏弄成戏理不清，人物不明，因而该火的地方不火，不要火的地方却又过火。比如《挑滑车》的高宠在《闹帐》的一场戏里要火，但必须适当，如果演得旁若无人，就与情理不合了，因为帐上还坐着岳元帅，军营中将帅之间是有分寸的，超越了这分寸，就与情理不合了。即使在台上演一个院子，也得弄清人物之间的关系，方能演得准确。比如员外念"家院"，院子答念"有"字时，该如何作动作，也得把人物关系交代清楚才行。

我想，有了扎实的基本功，又能注意到舞台上如何巧妙地使用才能圆而且美，之后，再能做到发于内而后形于外，从人物出发，具体地、有分别地运用这些表演动作，那么你的表演就会有点意思了。

（唐吉记录整理，原载《戏剧报》1961年第14期）

侯喜瑞身段谱

上编

《战宛城》 ………………………… 002

《群英会》 ………………………… 012

《连环套》 ………………………… 016

《黄鹤楼》《芦花荡》 …………… 029

《取洛阳》 ………………………… 038

《牛皋下书》《岳家庄》 ………… 050

《青风寨》 ………………………… 060

《四进士》 ………………………… 064

《穆柯寨》 ………………………… 066

《打严嵩》 ………………………… 070

《下河东》 ………………………… 076

《四杰村》 ………………………… 080

同与不同的"八大拿" …………… 084

《蚅蜡庙》《殷家堡》《东昌府》《霸王庄》
《淮安府》《落马湖》《独虎营》《里海坞》

《战宛城》之曹操

《战宛城》取材于《三国演义》，这出戏行当整齐，文武并重，场次安排严密紧凑，动静得当，是一出具有极高艺术品格的京剧剧目。而其中的曹操一角，正是侯喜瑞先生享誉剧坛的名作，在数十年的舞台生活中，他与武生杨小楼、孙毓堃，老生余叔岩，旦角于连泉、荀慧生等京剧大师多次合作演出《战宛城》。

剧中"马踏青苗"一折是侯喜瑞先生最富盛名的艺术创作，充分体现出侯派艺术特色。在这场戏的表演中，侯喜瑞先生并不将曹操定位成为一个奸雄，而是塑造出一位三军统帅的正面形象。从【虎头引子】"勤劳王事建功勋"，到坐帐传令"不准马踏田地禾苗，骚扰百姓"的大段白口，再到合唱【北泣颜回】，两番上山远眺三军，都着力于突出曹操军事家的历史面目。表现"马踏青苗"时，侯喜瑞先生的表演清晰而有层次，紧勒惊马，发现斑鸠，战马失控，勒马"卧鱼"，到扬鞭打靴底，甩髯口、上膀子、大蹉步，直至稳住战马，缓气撤步，唱"见斑鸠马吃惊四蹄发颤"，所有动作一气呵成，均有准确的交待、严格的法度，其中标志性动作"大卧鱼"尤其具有雕塑之美。

侯喜瑞先生在《战宛城》一剧所饰演的曹操，深得"亦庄亦谐"之妙。在夺取宛城后，曹操改戴相巾，穿开氅，拿扇子，"街头遇艳"一场，看到邹氏，手持扇子摆出种种造型，体现出曹操统帅之外另一面的性格。而在劫掠邹氏后，曹操改穿帔，在张绣过府时表现出的种种窘态，使曹操的形象愈加丰满可爱。

正是凭借《战宛城》为代表的系列曹操戏，侯喜瑞获得了"活曹操"的美誉。

侯喜瑞《战宛城》曹操之脸谱

行军中的远眺,极目望尽十五万大军

打马前行

策马前行

扬鞭催马,勒马转向,回望麦田

回身勒马,转道前行,此为侯喜瑞《马踏青苗》的经典造型

马陷沙坑,侧身勒缰

【哒哒嘟——仓仓另仓】大转身勒马

双手勒缰,缓步向前
这是"马踏青苗"组合动作中的收束之笔

扬鞭打马,得意进城
【八哒依仓仓仓 八哒依仓仓仓 嘟——仓】

回头瞭望,进了宛城

夺取宛城后，曹操改带相巾，穿开氅，持折扇，休闲行路

这组动作，表现曹操在无意中看见邹氏的种种神情

曹操仔细询问邹氏身份:你是哪家?

上编 侯喜瑞身段谱

哎呀呀，错了！

慢！挡住张绣

嘿嘿

倒也使得

《群英会》之 曹操

《群英会》是取材于《三国演义》的一出经典剧目，历史悠久，早在京剧初成时期就已演出，民国后富连成科班又重新整理改编，成为三十六本《取南郡》的核心部分。侯喜瑞生平演出《群英会》，多饰演黄盖，扮演曹操较少，但他仍有很多不落俗套的处理方式。

侯喜瑞这出戏遵循了富连成社的演出原貌。曹操戴相巾，穿开氅，拿书上场，很具文气。与《战宛城》的处理一样，侯喜瑞着意刻画曹操军事统帅的正面形象，而不是"奸相"。蒋干回书，说到劝降不成时，曹操念"顺说不成，反被他人耻笑"，侯派的语气更注重强调曹操的自嘲与反省，而不是把怒气撒在蒋干身上，这更符合曹操的气量与胸怀。在发现中计之后的唱念以及下场，侯喜瑞的表演也是如此。

侯先生在演出其他曹操戏，如《长坂坡》《击鼓骂曹》《阳平关》等，亦都按照这些原则，所以他的曹操戏深刻而不肤浅。

现存的1961年所拍照片，记录了侯喜瑞在《群英会·回书》一场的重要身段与表情。

→ 曹操持书卷上场，唱"每日里饮琼浆熏熏带醉"

蒋幹复命，曹操听说劝降东吴不成的种种表现

曹操看书信,念:"看过的了?"

曹操看书信,念:"此二人——"

《连环套》之 窦尔敦

《连环套》这出戏取材于《施公案》，是以武生与花脸为主的绿林戏代表，但不算在"八大拿"之列。

这出戏分为"坐寨""盗马""拜山""盗钩"四个主要部分，是侯喜瑞舞台艺术中的名贵之作。侯先生所饰演的窦尔敦，在勾脸谱式、身段表演、唱腔念白各方面，都有特色鲜明的独到之处。他在京剧界的崛起，也与受国剧宗师杨小楼提拔、与其合演《连环套》有直接关系。后来孙毓堃、周瑞安等名武生，既以能与侯喜瑞合演《连环套》为荣幸，但也都视与他合演此剧为畏途。1962年京剧界"走马换将"，裘盛戎与高盛麟在北京合演《连环套》前，裘先生还特地到侯先生家中请教窦尔敦的表演。

现存的1961年所摄系列剧照中，《连环套》一剧留有"坐寨""拜山""盗钩"及末场"归案"的重要表演身段。从中可以看出侯派窦尔敦的许多特点，窦尔敦既是一位武艺超群、胆大心细的绿林英雄，又是一个义气当先的侠客，同时他又是占据连环套的草寇寨主，侯喜瑞先生所塑造的窦尔敦，突出义气、豪气、怨气，又兼具匪气。

《连环套》的表演上，侯喜瑞多采用大开大阖的身段来表现这位绿林英雄的气质，如头场坐寨，"一望两望"时两番对称的汲气长身，显得整个人物苍劲挺拔，桀骜不驯，念到"甩头一子"时，双手大幅度掏双翎亮相，如雄鹰展翅。"拜山"一场，出门迎接黄天霸时，双手拉开氅抬腿亮相，体现出窦尔敦不减当年的英武。末场"归罪"，"比粗亮相""大翻褶子""跺泥下场"等身段，则把窦尔敦的豪气与义气表现得淋漓尽致。

《连环套》作为侯派艺术的压卷之作，不唯在表演上，在脸谱设计、行头装饰各个方面真正做到了寸土必耕。每一场戏侯喜瑞所穿的行头，从色彩、到纹饰，都有精心设计，扎巾的"绒球"采用白地套红圈，头场"坐寨"穿黄蟒，配红彩裤，"拜山"一场穿满绣太狮少狮纹的黄开氅，"盗钩"一场穿绣鲤鱼纹的褶子，而末场归罪则穿白玉兰纹的宝蓝褶子。体现出侯喜瑞卓尔不群的审美品格。

→ 侯喜瑞《连环套》窦尔敦之脸谱

← 侯喜瑞《连环套》窦尔敦之脸谱

九龙口·一望两望（向左）

九龙口·一望两望（向右）

"甩头一字"掏双翎亮相

报名:"某——"

"他就暗发!"

"俺便去也!"

"拜山"一场,【长锤】上场

"摆队相迎!"出门

出寨门——背影

"啊——"看帖，打帖　　　　　　　　　　　　"他就暗发甩头一字——"

这两个动作为侯喜瑞《拜山》的点睛之笔

"盗钩"一场，窦尔敦回身，【嘟——仓】试刀之锋芒

【八哒仓】回身，惊恐地估量黄天霸夜入山寨之危险

"归案"一场,窦尔敦出场看天霸,撕扎,观望

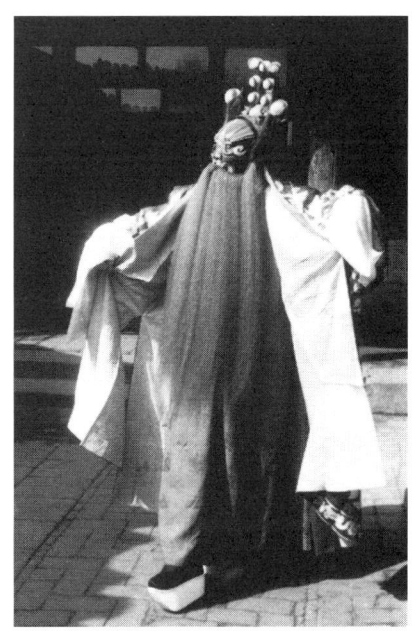
窦尔敦与天霸比粗亮相

"俺的护手钩么——"

"火焚山寨,后会有期!"

朱光祖:"我说姓窦的!"
窦尔敦:"嗯——"

"两家的冤仇一笔勾!"

"朝廷的王法,焉有不戴之理,你们拿刑具来!"

【尾声】中"跺泥"亮相下场

《黄鹤楼》《芦花荡》之 张飞

《黄鹤楼》与《芦花荡·回荆州》都是京剧三国戏,前者不见于《三国志》《三国演义》,后者则根据《三国演义》敷演而成。这两出戏既是侯喜瑞架子花脸艺术的经典作品,也是侯派张飞戏的杰出代表。

张飞的脸谱是侯派脸谱的代表谱式,属于标准的十字门脸谱勾法,设色黑白分明,中间堂子一笔通天,眼窝、鼻窝比例匀称,与额头左右的飞蝠图案相映成辉,整个脸谱简洁凝练,充满活力,很能体现张飞这个人物的秉性。

《黄鹤楼》中,侯先生的张飞只打扎巾,系后兜飘带,而不戴扎巾盔。而他的《芦花荡》则遵循架子花脸表演程式,戴草帽圈、茨菇叶、穿黑裤衣,系绦子大带、腰包,青彩裤散腿,不披甩发,不系绑腿,穿薄底不穿鱼鳞皂,不系靠牌子,背后不插令旗。

侯派张飞戏的特点是刚柔相济,粗犷中不失妩媚可爱,特别是《芦花荡》中配合念白的各种身段造型,大气疏朗,富于雕塑美。虽然渔装打扮,仍是大将气质,其中"隐在那芦花荡口"的末锣弓步亮相尤具特色。

→侯喜瑞《黄鹤楼》张飞脸谱

下场身段组合：翻双袖，起【四击头】　　　　　　　　出场后，撕扎，一望两望

下场身段组合：向右翻袖

翻双袖，起【四击头】（右）　　　　　　　　　　　　【四击头】甩双袖亮住（左）

下场组合身段

侯喜瑞《芦花荡》张飞脸谱

走边,【四击头】卧鱼亮相

定场诗:"气轩昂"(左)

定场诗:"丈八蛇矛世无双!"(右)

走边,【四击头】起(左)

走边,【四击头】背影(右)

"丈八蛇矛——"

"马来呀！"

走边:"隐在那芦花荡口——"

《取洛阳》之马武

《取洛阳》取材于《东汉演义》,是京剧花脸演员必须学习的基础剧目,侯喜瑞先生这出戏得自黄润甫前辈的亲传,也是侯派架子花脸扎靠戏的代表名作。

侯派艺术十分注重节奏、力度的强弱对比变化,《取洛阳》的马武尤具典范性。上场的起霸,侯喜瑞先生示范了架子花脸起霸的规范动作,在【滚头子】下场中,侯先生采用大拧身,对节奏的掌控运用到极致,在瞬间停顿中亮相,极有爆发力,充分体现侯派架子花脸"帅漂美"的特点。"诈城"的种种造型,既有架子花脸马上动作的共同亮点,又带有这出戏的人物特色。从中可以看出侯喜瑞先生对气息的运用,以及每个动作标准的发力点与着力点。

侯派马武《取洛阳》的开打别具一格,种种套路、档子、亮相,都遵守架子花脸艺术规范,不同于武花脸的表演风格。最后的背刀亮相简练干脆,如豹尾击石。

侯喜瑞《取洛阳》马武脸谱

【急急风】起霸,"通条"亮住

【冲头】起霸,反圆场

接岑鹏念定场诗:"杀却——"【八哒仓】

"差咱老马这么一差？"

【冲头】起范下场

【滚头子】下场亮相

【急急风】下场（左）

阻令:【八哒仓】"慢慢慢扎——"

指岑彭背躬

右手抢令被岑鹏一踢,"哎呀!"翻右手

"闹帐"一场,"他二人定是降了王莽!"

上马

趟马

趟马，勒马

【急急风】勒马【八哒仓】卧鱼，接【急急风】

怒骂岑彭:你呀?什么东西!"

走哇!【急急风】右手端杯盘上场

(对岑彭)待咱老马把敬你一大杯!【八哒仓】

怒骂岑彭:"你呀?什么东西!"

"诈降闯关",侯派上马的标准动作

【嘟——仓】一望两望，定计诈降

【急急风】打马下场

【急急风】执七星刀上场开打

"嘿嘿！我一个也摸着！"下面紧接刀花下场

【跺头】刀花耍下场，【八哒仓】背刀亮相

《牛皋下书》《岳家庄》之 牛皋

　　《牛皋下书》一剧取材于《说岳全传》，早年多与《挑滑车》连演，合称《全本牛头山》，这出戏短小精悍，是侯喜瑞先生架子花脸的又一名作。1949年后他曾多次演出此剧，并在北京、上海、天津三地都留下了演出实况录音。

　　侯喜瑞先生塑造的牛皋立体丰富，在岳飞宣他入帐后，牛皋在【快四击】中迅速出场，穿黑蟒戴扎巾盔，完全是一个随时待命的将军形象；在与岳飞的对白中，侯派牛皋念得深沉内敛，体现出牛皋对岳元帅的尊敬。改装出场后，牛皋戴乌纱穿紫蟒，左右两番"翻袖""甩袖"，飘逸生动。后面【四击头】上马，动作连贯流畅，都能显示出侯派牛皋的独特魅力。

　　"下书"一场，侯喜瑞先生一方面着意描摹牛皋"生死二字付汪洋"的英雄本色，在进帐后，侧身弓步撕扎，亮矮像斜觑兀术，气息缓缓上提，动作舒展大气，是侯派《牛皋下书》的标志性动作之一；另一方面侯先生赋予牛皋大量幽默诙谐的表演，与兀术对白语气轻松自然，无拘无束，与前面对岳飞的敬重形成鲜明对比。其中念到"故而这么文绉绉的——"，左右弹扎，起身提气，翘腿坐下，双手搭于膝上，配合纱帽翅的上下抖动，是侯派"下书"极富光彩的一处表演。

　　《岳家庄》是经年不见于舞台的一出架子花脸戏，侯喜瑞先生保留了数个有代表性的造型，足以体现这出戏的独特之处。

出场亮相　　　　　　　　　　　　　　【叫头】"元帅——"

换装后出场——
【哒哒——依哒哒仓】向左翻袖，甩右袖

【哒哒——依哒哒仓】向右翻袖，甩左袖

上马后亮住

【哒哒——依哒哒仓】下场，打马亮相

"闯番营"【快长锤】出场

"大摇大摆番营闯!"

【撞金钟】慢步进帐,到大边台口,背袖反身,
回头看兀术,亮住

"咦——",撕扎,侧身,弓箭步,
回头看兀术矮身亮相

"故而这么文绉绉的——"

"罢了,到了两军阵前,我少打你几鞭头子
——也就是了!"

"臭而不可闻矣,呦呕——"

"酒已够了,我要回营去了!"醉步下场

"回书",【快扭丝】上场

《岳家庄》牛皋亮相

 出场

 【嘟——仓】"看前面已是岳家庄!"

打马下场

夸赞岳云:"果然是少年英雄!"

《青风寨》之 李逵

　　李逵戏《青风寨》为侯喜瑞脍炙人口的代表作，短小精悍。在以前每晚演出剧目很多的时候，这出戏经常作为开场戏铺垫，获得非常好的剧场效果，甚至有的观众专为看侯喜瑞的表演而来。

　　侯喜瑞的李逵戏完全是遵照乃师黄润甫的路子，特别是李逵的脸谱与众不同，脑门上宽大粗犷紫色眉子，突出了李逵刚正不阿、爱憎分明的人物性格。

"燕小哥!"亮相

"抬头观看"

【滚头子】下场中一望两望

开打亮相

持双斧亮相

《四进士》之 顾 读

《四进士》又名《节义廉明》，是一出广为流传的剧目，生旦净丑搭配齐整。侯喜瑞扮演的顾读，虽是配角，仍为全剧生色不少。侯喜瑞的顾读留下剧照不多，但依旧可以体现他这出戏的特色。

侯先生对顾读这个角色有他深刻独到的见解，虽然这个角色勾白脸，带奸纱，但是一名进士，要演出来书卷气。且在原有演法中，实际受贿的不是顾读，而是他手下的刑名师爷，顾读不可直白地故作奸贪狡诈之丑态，他窘态毕露，但又不失进士身份，不是简单的忠奸二元论。裘盛戎先生的顾读沿袭侯派的儒家风范，颇获好评。

顾读粉白脸，勾鼻窝，戴黑满、奸纱，穿紫官衣，"三公堂"换黑蟒。

【急急风】【四击头】出场

读信:"岂不是贪赃【顷仓】枉法!"

"二公堂","宋世杰,你莫非受了贿了?"

《穆柯寨》之焦赞

　　在戏剧舞台上,杨家将的故事家喻户晓,广为流传,《穆柯寨》就是这样一出。而侯喜瑞塑造了一个可亲可爱的大将焦赞。从留下的艺术资料照片中可以看到,侯先生的这个角色,不论是脸谱造型还是动态功架,从骨子里透出了喜剧色彩。梅兰芳先生曾说过:我每演穆柯寨必定邀请侯喜瑞扮演焦赞,他与裘桂仙的孟良搭档相得益彰,为全剧增色不少。

　　"烧山"一场,侯喜瑞先生有很突出的表演。焦赞与孟良二人被自己放的三昧真火烧得须发皆燃,满面黝黑,扛起自家兵刃狼狈不堪,却偏偏唱起小曲:"哎呀,我的哥呀——"自讽自嘲,苦中取乐,一时间台上台下一片笑声,侯先生演活了人物,给观众带来不少欢乐和愉悦。

　　侯派焦赞出场时扎黑靠,戴大额子,插鞭。内穿黑侉衣,大带,三尖。戴黑扎,带耳毛子。内打发揪,"烧山"后换黑一字。

　　焦赞的脸谱属于十字门脸,中间却是另画斜纹,鸟形眼窝与直立的眉子为整个造型增加了随意活泼的色彩,与突出的鼻窝构成焦赞笑容可掬的面孔,成功塑造了这样一位喜剧人物。

　　张飞、牛皋、焦赞这三个角色,身份、性格都有相似之处,脸谱的勾法也是以十字门脸为基础。侯喜瑞先生在塑造这三个人物时,很注重处理共性与个性的关系,不使有千人一面之感。

"二哥,慢走!"焦赞造型照(演出时用令箭)

与穆桂英"杀过合",亮在大边。回头招呼:"你来呀!"

"杀败了!"焦赞、孟良已经卸靠

【八哒哒仓、八哒哒仓、八哒哒仓——】
与孟良放火烧山，狼狈逃离

【乱锤】焦赞孟良被自己放的火烧得须发皆燃，满面烟火狼狈不堪，丢盔卸甲仓皇逃脱。这里焦赞要把脸上涂黑，换掉黑扎戴一子。表示胡须被火烧着了

烧山后扛鞭出场

《打严嵩》之严嵩

　　《打严嵩》又名《开山府》，是一出嬉笑怒骂皆由己愿的文人戏，虽然"邹应龙当街打严嵩"的情节于史无载，荒诞不经，但这出戏却一直在大江南北流传广远，余叔岩、马连良、周信芳、雷喜福等人都以此剧见长，侯喜瑞与他们几乎都有过合作。

　　侯喜瑞恰如其分地饰演了严嵩这样一个奸臣，前面的场次沉稳老练，极有宰相威严，而进入开山府之后情节又充满喜剧效果，表演夸张却又不逾矩，狼狈中保持了严嵩文臣宰相的本色。侯派的严嵩，为后人树立了驾驭"荒诞剧"演出尺度分寸的典范，后世效法者甚众。裘盛戎的严嵩为后来之佼佼者。

　　侯派严嵩戴文阳，带四六开髯满、鬓发，穿红蟒，不披三尖，不打绸条。脸谱属于粉白脸，在勾法上突出两点：第一，眉间的飞蝠是勾歪的，左边一笔斜插向上，表示此人心术不正；第二，大三角眼，显示出此人面相中奸诈狡黠之态。

侯喜瑞《打严嵩》脸谱

严嵩上场时手拿书本。对严侠："邹应龙？"

对严侠："怎么，有好心？"

"就是那常宝童？"

"老夫上殿参奏那个娃娃！"

"老夫上殿面君。"拿牙笏出门上轿

"邹应龙上殿!"

对邹应龙:"啊!你骂得好哇!"

对邹应龙:"哎呀——"

"哎呀！我都看不见了！"

"心腹人，谢谢您啦！"

《下河东》之 欧阳芳

《下河东》，也称《白龙关》，是一出久已不见于舞台的剧目，这出戏取材于《杨家将演义》，常与《龙虎斗》合演。老生呼延寿庭、花脸欧阳芳，都有极为精彩动人的表演。旧时京剧演出夜场戏码很多，侯喜瑞演此剧常排在前面，观众竟有专为看《下河东》而来，然后弃大轴戏而去，可见侯先生此剧的叫座程度。

侯喜瑞所扮演的欧阳芳，是他在舞台上塑造的又一个奸雄的角色。在逼杀呼延寿庭的一场戏中，侯喜瑞将其奸诈而又凶残的面貌刻画得淋漓尽致，以致全场观众群情激愤，欲杀奸贼而后快。很可惜这出戏的演法如今已几乎失传。

欧阳芳的脸谱属于粉白脸，但其眼窝为反叛的勾法，中间不勾飞蝠却为三叉形，突出鼻须。戴黪满（三七开）、打鬓发，戴相貂，穿黑蟒。二场改戴帅盔，扎黑靠。

曹操、严嵩、顾读、欧阳芳，这四个角色都由架子花脸白脸末应工，都是侯喜瑞的代表作品。从脸谱的勾法、行头的穿戴，到唱念的风格、表演的幅度，侯先生都有特殊的创造，绝无雷同之感。同样是持书，《群英会》的曹操与《打严嵩》的严嵩体现的就是两种各异的面目；同样是看信，《群英会》曹操的自负与《四进士》顾读的窘迫又截然不同。

"习就文共武,扶保帝王都!"

"三点不到,你要小心了!"

"老夫我挂了这武将的帅印呐！"

巡营

下场亮相

《四杰村》之 鲍自安

《四杰村》是一出武戏,侯喜瑞所扮演的鲍自安是威震江湖的老英雄,老当益壮。

脸谱上是标准的白三块瓦老脸,属英雄类谱式。该谱眉、眼梢上挑,显示出英武之相;眼窝外侧下沿勾下滑黑线纹,以示年迈。印堂勾红色块,填粉脸膛,示其鹤发童颜。根据脸形、鼻窝可适当加宽或削窄。

扮相:白满、鬃发,戴鸭尾巾,方铲,打绸条,豹衣豹裤,绦子大带。

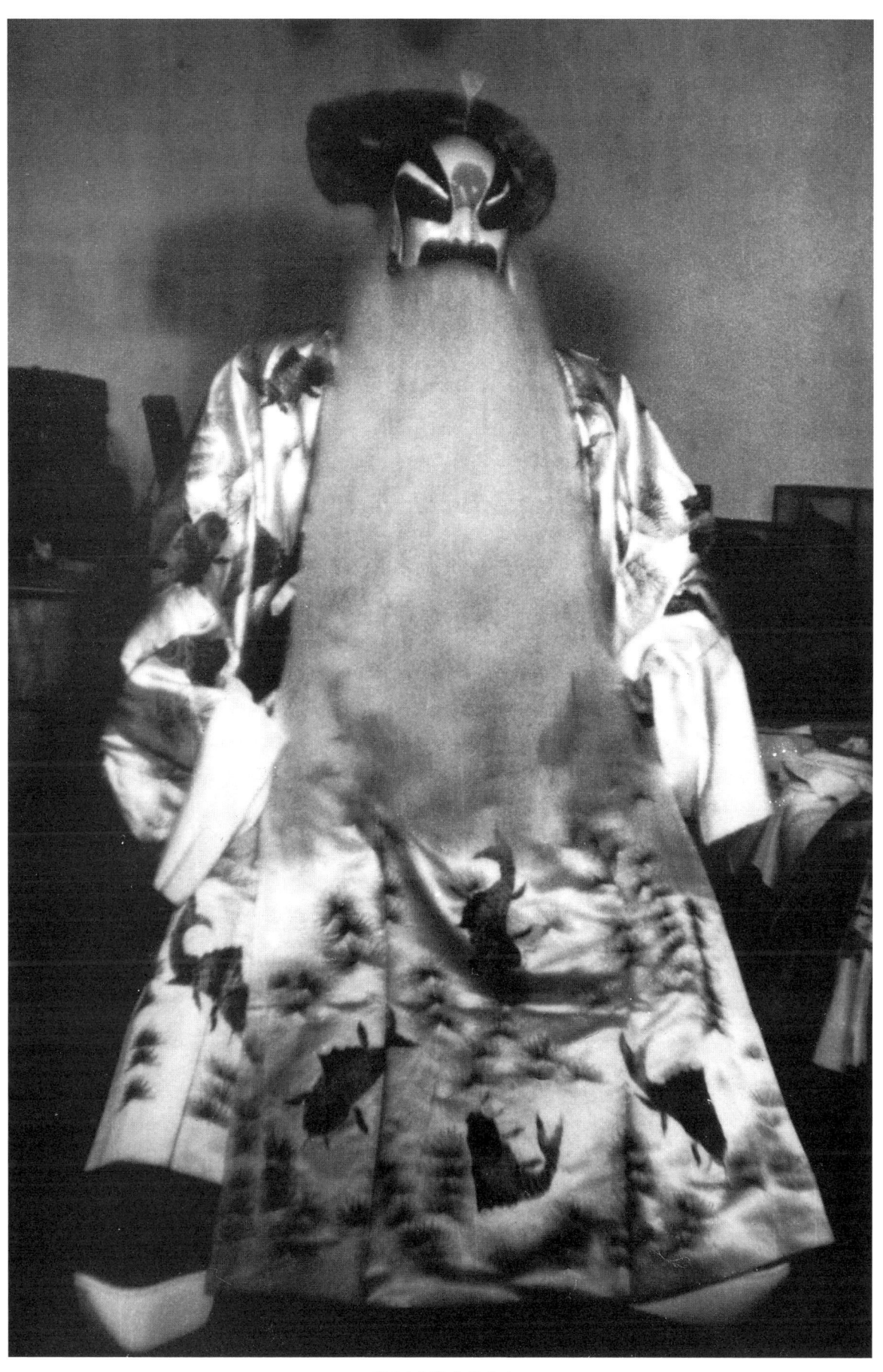

《四杰村》之鲍自安

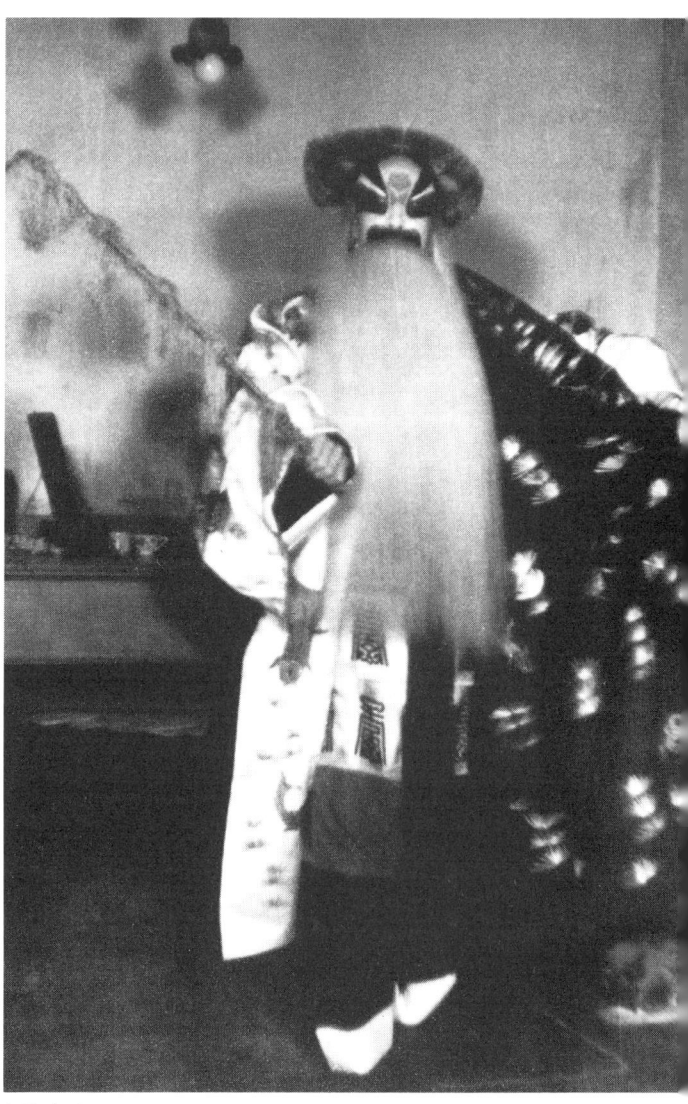

《四杰村》之鲍自安

《四杰村》之鲍自安

同与不同的"八大拿"

京剧传统剧目中,有多出取材于《施公案》的绿林戏,其中《殷家堡》《落马湖》《淮安府》《蚰蜡庙》《独虎营》《里海坞》《霸王庄》《东昌府》八出合称为"八大拿",每出戏都有一个被施世纶、黄天霸等人擒拿问罪的反座子绿林人物。在侯喜瑞先生的艺术生涯中,他曾与众多武生名家合作演出"八大拿"系列剧目。这些角色也都是他称霸剧坛的拿手作品。

这些八大拿中的反面角色,因年龄、身份、秉性、本领的差别,每个人物的脸谱、穿戴、把子到具体表演动作,都有各自的特点。侯喜瑞先生在舞台实践中,对每个角色都做了精心的研究设计,使他们都符合京剧架子花脸的艺术规范,同时又充满形态各异的风采。

由于多种原因,"八大拿"剧目从20世纪50年代之后就渐渐脱离舞台。但1961年拍摄艺术资料照片时,侯喜瑞先生竟将"八大拿"剧目都拍摄下来,每出戏的代表动作都有留存,可见侯先生对这些包含心血的艺术创造何等看重。同时这些艺术记录,不仅仅保留了侯派"八大拿"剧目的独特面貌,更为后人树立了架子花脸手、眼、身、法、步的基本规范。

同样是"三块瓦"脸，侯派却勾画出容貌性格截然不同的八个江湖人物，直观地把这些角色的凶恶狡诈、乖戾残暴显现无遗。而侯喜瑞先生却在丑恶之中体现出艺术的造型美，个个可以入画，好像任伯年笔下的鬼魅魍魉再现眼前，把中国传统美学的对立统一手法运用到极致。

《虮蜡庙》费德功脸谱

《殷家堡》殷洪脸谱

《东昌府》郝文僧脸谱

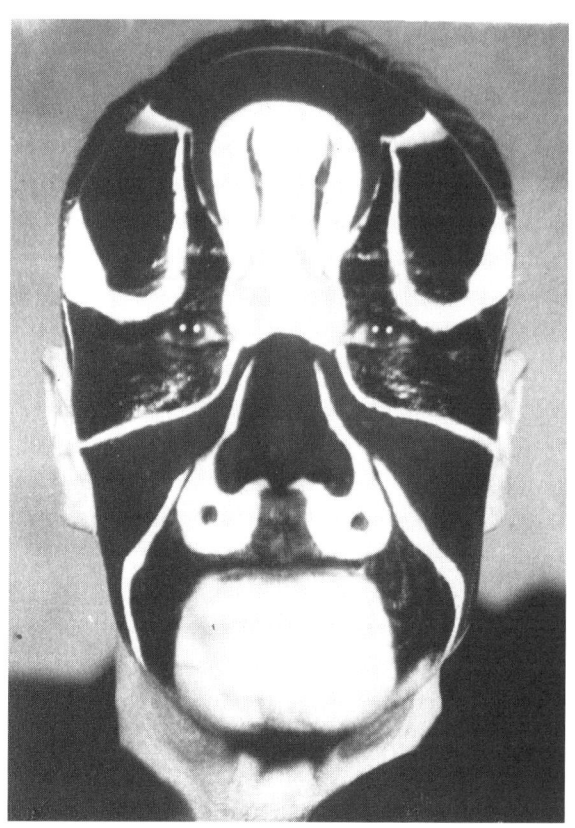
《霸王庄》黄隆基脸谱

《淮安府》蔡天化脸谱

《淮安府》蔡天化脸谱

侯派艺术表演的精髓就是"形于内发于外"，八个人物各具特色的亮相就是精气神在瞬间的凝聚。

《落马湖》李佩

《蚍蜡庙》费德功

《霸王庄》黄隆基

《殷家堡》殷洪

《独虎营》罗四虎

《东昌府》郝文僧

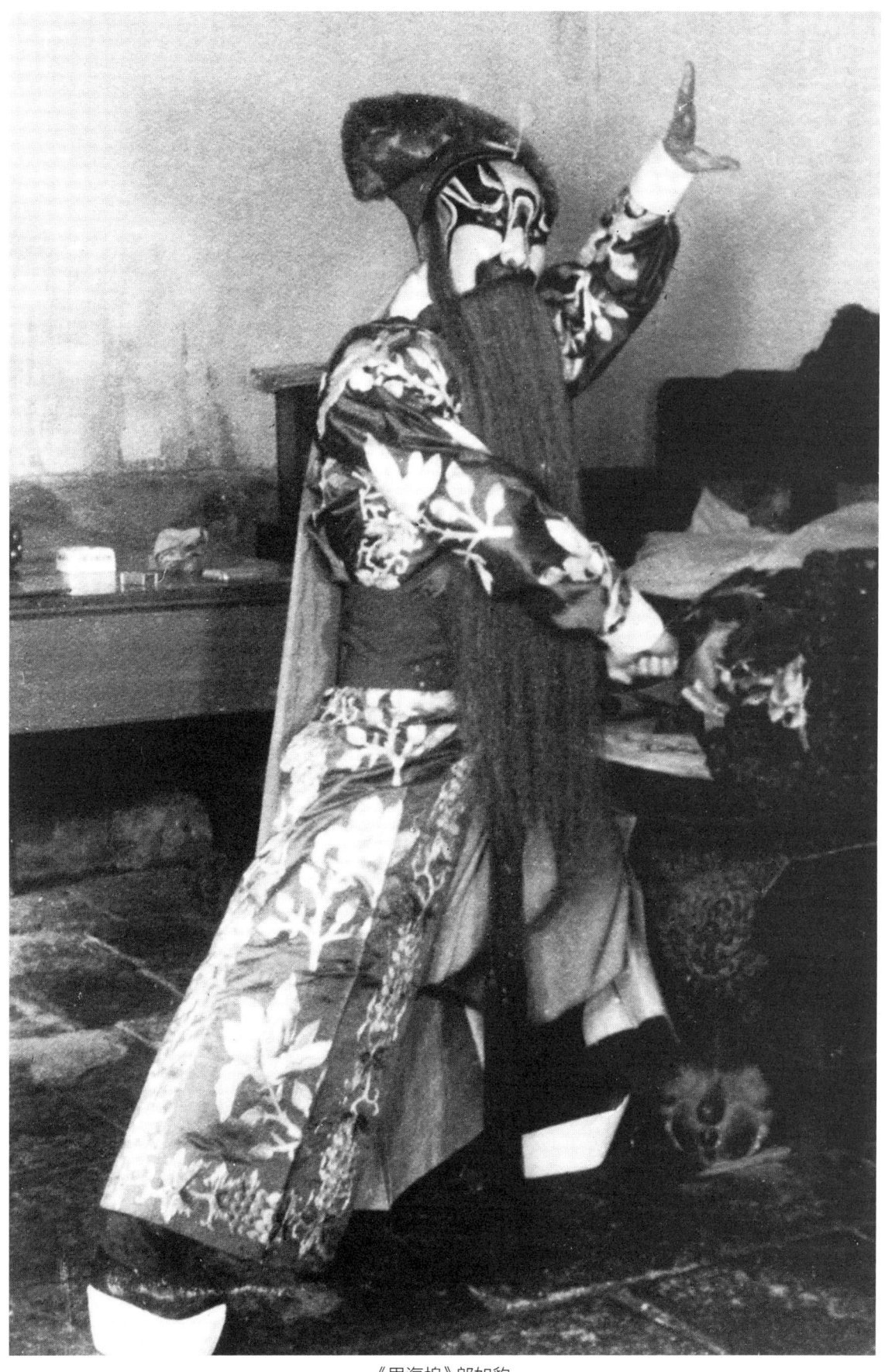

《里海坞》郎如豹

《淮安府》侯喜瑞饰蔡天化

侯喜瑞先生手持的扇子无字无画，且从不超过一尺五。他曾说：在台上拿一把大扇子，上面有字有画，在台上呼啦呼啦一扇，台底下看你呀还是看扇子？

《虮蜡庙》费德功持扇亮相

《虮蜡庙》侯喜瑞饰费德功

《独虎营》侯喜瑞饰罗四虎

《独虎营》罗四虎拿扇子的组合造型(一)

《独虎营》罗四虎拿扇子的组合造型(二)

舞台上运用雉鸡尾作为人物装饰,侯喜瑞则把头上的双翎变成为塑造人物的手段。

《落马湖》李佩(一)

《落马湖》李佩（二）

《落马湖》李佩掏翎子各种造型

侯喜瑞先生对于使用马鞭、把子、蝇帚等道具,非常强调一气贯通。他曾说:"咱们拿马鞭拿刀枪把子,气,就得通到了手里的家伙上,它就是你的手,你的胳臂了!"

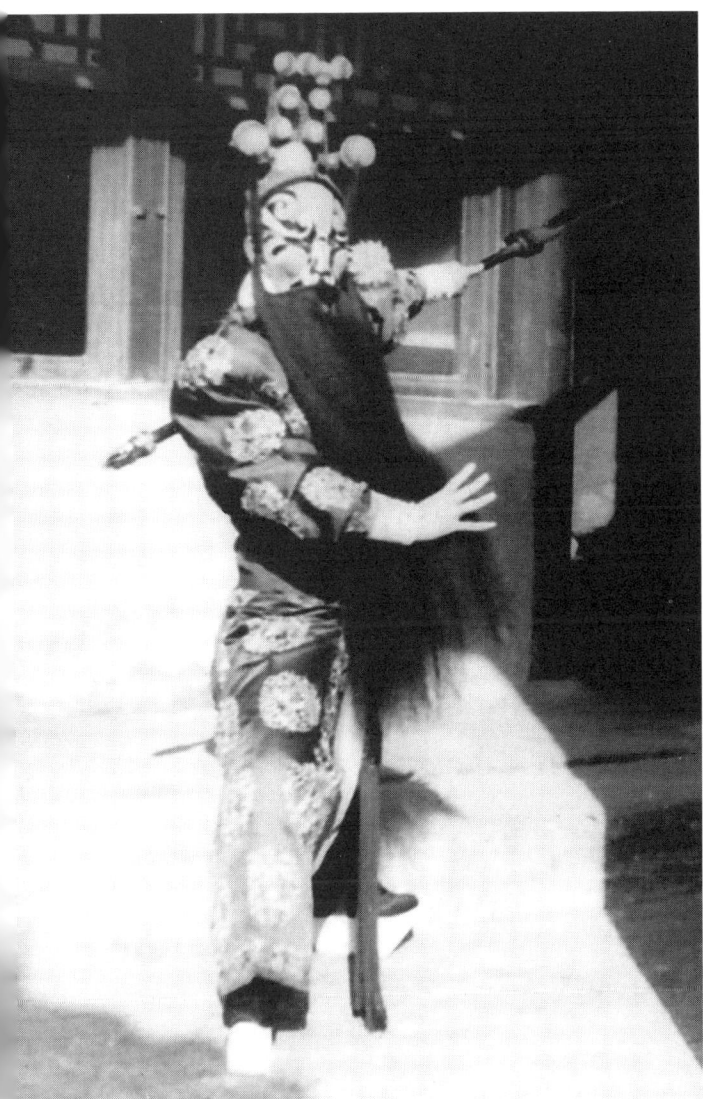 

《蚆蜡庙》费德功持朴刀造型

《霸王庄》黄隆基持朴刀造型

《殷家堡》殷洪持单刀造型(一)

《殷家堡》殷洪持单刀造型(二、三)

《里海坞》郎如豹持双刀造型（一）

《里海坞》郎如豹持双刀造型（二）

《淮安府》蔡天化持蝇帚造型

《落马湖》李佩持双锏造型

《淮安府》蔡天化持双锏造型（一）

《淮安府》蔡天化持双锏造型（二至五）

《淮安府》蔡天化持双锏造型（六至七）

侯喜瑞艺术生涯

下编

京剧花脸流派传承谱系

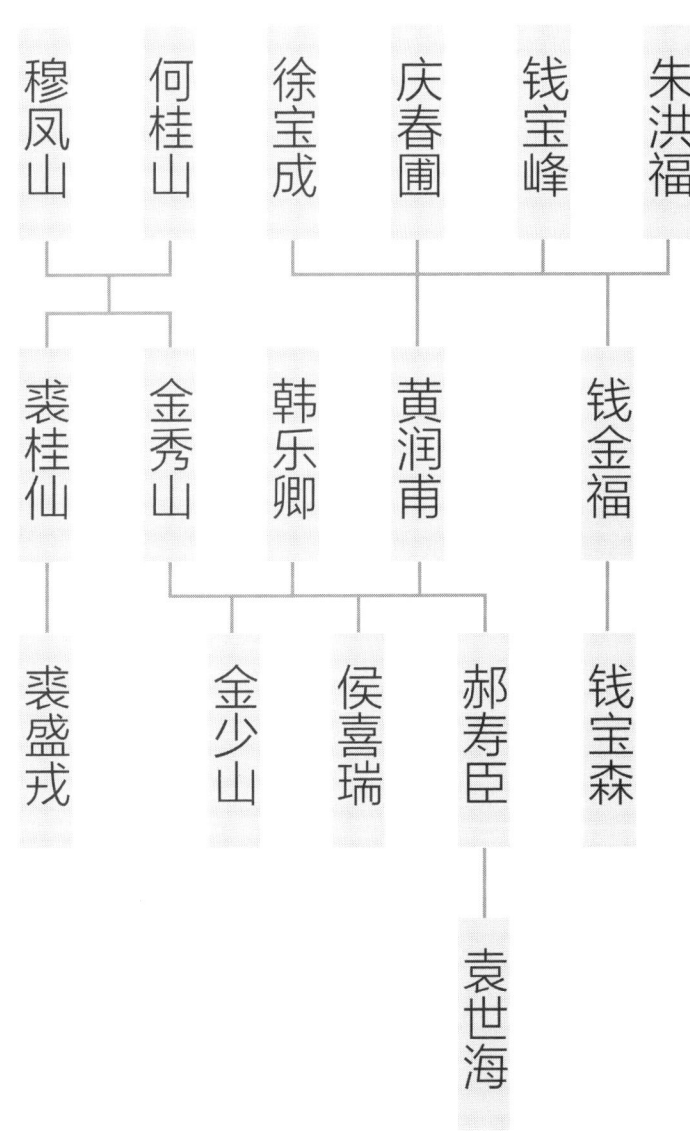

《混元盒》何桂山饰钟馗

《普天同庆》刘永春饰包拯,德荫棠饰秦广辉

《九龙杯》庆春圃饰黄三泰,德子杰饰杨香武

《飞虎山》金秀山饰李克用，德珺如饰安敬思

《五人义》黄润甫饰颜佩韦

《醉打山门》钱金福饰鲁智深,王长林饰酒保

喜连成科班喜字辈学生集体合影（后排左七为侯喜瑞）

侯喜瑞便装照（一、二）

侯喜瑞便装照（三）

侯喜瑞与国剧宗师杨小楼合影

《三四本连环套》杨小楼饰黄天霸,侯喜瑞饰窦尔敦

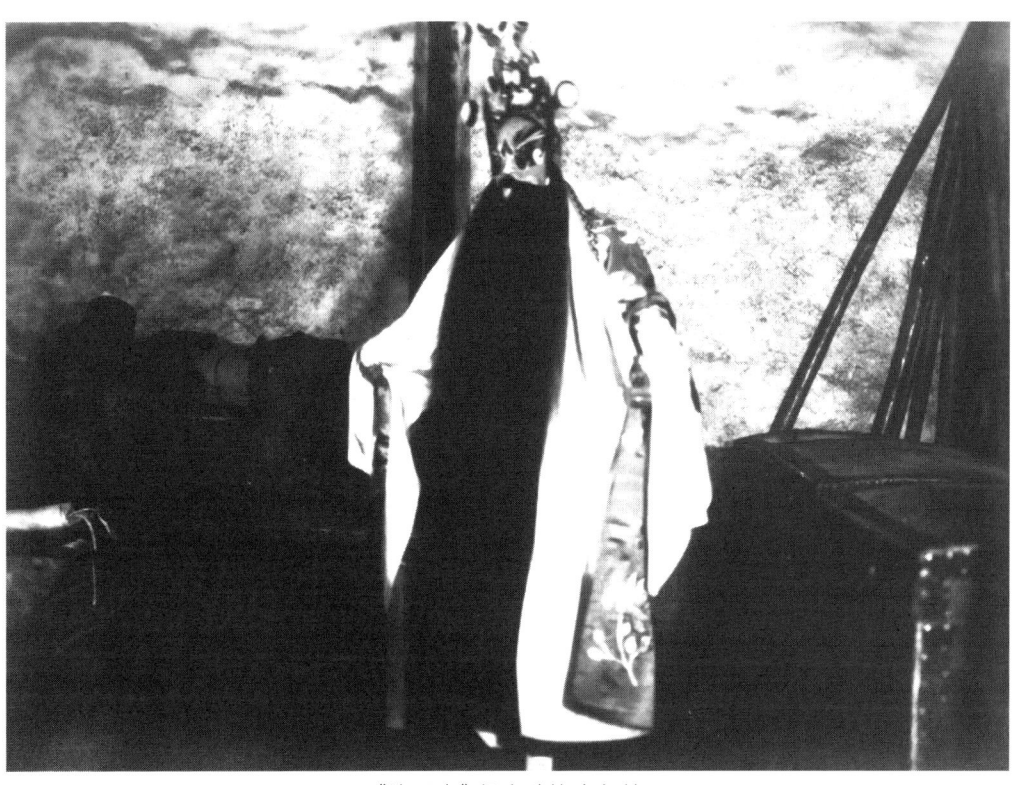
《连环套》侯喜瑞饰窦尔敦

《法门寺》侯喜瑞饰刘瑾，慈瑞泉饰贾桂

《闹江州》郝寿臣饰李逵，侯喜瑞饰李鬼

1926年侯喜瑞（左四）与梅兰芳、王凤卿、李万春等人赴上海演出于大新舞台
图为上海伶界联合会为北京名角举行欢迎仪式（上图为全景，下图为局部）

1926年上海《申报》京剧广告

1928年12月至1929年1月，梅兰芳受邀赴沪演出于荣记大舞台，王凤卿、谭富英、李万春、侯喜瑞等人同行。上海中华照相馆摄影师郭承志，用那时最先进的摄影设备拍下七十余张珍贵的舞台实况照片，记录下梅兰芳、侯喜瑞等艺术大师盛年时期的演剧风采。

1928年12月24日上海荣记大舞台《头本西施》剧照：梅兰芳饰西施，侯喜瑞饰吴王（一）

1928年12月24日上海荣记大舞台《头本西施》剧照：梅兰芳饰西施，侯喜瑞饰吴王（二）

1928年12月24日上海荣记大舞台《头本西施》剧照:梅兰芳饰西施,侯喜瑞饰吴士(三)

1928年12月24日上海荣记大舞台《头本西施》剧照：梅兰芳饰西施，侯喜瑞饰吴王（四）

1929年1月上海荣记大舞台《宇宙锋》剧照：梅兰芳饰赵艳容，侯喜瑞饰赵高（一）

1929年1月上海荣记大舞台《宇宙锋》剧照：梅兰芳饰赵艳容，侯喜瑞饰赵高（二）

1929年1月上海荣记大舞台《宇宙锋》剧照：梅兰芳饰赵艳容，侯喜瑞饰赵高（三）

1929年1月23日上海荣记大舞台《凤还巢》剧照:梅兰芳饰程雪娥,姜妙香饰穆居易,侯喜瑞饰周监军,张春彦饰洪功

四大名旦之一的程砚秋，在20世纪20年代程艳秋初创和声社之时，侯喜瑞就参与其中担任重要角色，最有代表性的就是《红拂传》中虬髯客一角。程派另一名剧《朱痕记》中侯喜瑞饰中军李仁。

《红拂传》侯喜瑞饰虬髯客

《红拂传》程砚秋饰红拂,侯喜瑞饰虬髯客,俞振飞饰李靖(一)

《红拂传》程砚秋饰红拂，侯喜瑞饰虬髯客，俞振飞饰李靖（二）

《红拂传》程砚秋饰红拂,侯喜瑞饰虬髯客,俞振飞饰李靖(三)

1925年程艳秋、贯大元、郭仲衡、侯喜瑞等人联袂在上海共舞台演出，这张照片即为当时在共舞台拍摄
前排左起：林树森、郭仲衡、程艳秋、贯大元、□□□、侯喜瑞

《朱痕记》程砚秋饰赵锦棠,王少楼饰朱春登,侯喜瑞饰李仁,文亮臣饰朱母

20世纪20年代正是四大名旦活跃于舞台的黄金时期，1927年4月8日《顺天时报》登载的戏报中，四个人的班社中都有一个共同的演员，那就是侯喜瑞

20世纪30年代上海国剧保存社出版《戏剧旬刊》杂志，以侯喜瑞《法门寺》、《马踏青苗》、《青风寨》作为封面

1949年后，侯喜瑞逐渐减少了舞台演出，以教戏为主，但是侯派艺术在舞台上依旧光彩不绝。

1956年侯喜瑞与孙毓堃在北京中山音乐堂演出《连环套·拜山》

1958年侯喜瑞在北京中山音乐堂演出《马踏青苗》

1961年12月22日侯喜瑞在上海中国大戏院演出《牛皋下书》

1962年姜妙香、雷喜福、侯喜瑞在北京广播剧场演出《群英会》剧照（一、二）

1962年姜妙香、雷喜福、侯喜瑞在北京广播剧场演出《群英会》剧照（三、四）

雷喜福、侯喜瑞示范演出《打严嵩》

马连良与侯喜瑞合影

侯喜瑞与尚小云（右一）合影

《盗御马》侯喜瑞饰窦尔敦（一）

《盗御马》侯喜瑞饰窦尔敦（二）

《盗御马》侯喜瑞饰窦尔敦（三）

侯喜瑞(前)与裘盛戎(后)在化妆间

侯喜瑞做素身示范（一）

侯喜瑞做素身示范(二、三)

侯喜瑞做素身示范（四）

侯喜瑞做素身示范(五)

侯喜瑞与弟子马崇仁合影

侯喜瑞与弟子尚长荣合影

侯喜瑞与弟子袁国林、谢锐青合影

侯喜瑞与弟子赵致远合影

侯喜瑞与袁国林等人合影

1958年中国戏校净行师生留影

1962年，侯喜瑞在北京市戏曲学校教授常保全《取洛阳》

1961年侯喜瑞在上海戏校讲学示范（一、二）

侯喜瑞与张伯驹

侯喜瑞与厉慧良

侯喜瑞晚年为袁国林、齐啸云、马泰等人示范说戏

侯喜瑞与李万春、李洪春、马崇仁等人合影

侯喜瑞舞台生活八十周年活动

1981年文化部举办了庆祝侯喜瑞舞台生活八十周年的系列庆祝活动

侯喜瑞舞台生活八十周年活动

1981年9月8日，俞振飞、侯喜瑞、张伯驹、李洪春、南铁生在北京山西街荀慧生故居聚会合影

1982年侯喜瑞与侯门弟子合影

1983年2月,花市清真寺为侯喜瑞先生举办归真送行仪式

侯喜瑞晚年照

侯喜瑞大事记

1892年2月23日，光绪十八年(壬辰)正月二十五日出生。

1902年3月8日，由"喜连升"京剧科班教师勾顺亮介绍入科学艺，是第一科"喜"字学生。

1904年"喜连升京剧科班"报呈"升平署"正式立案，改名为"喜连成京剧科班"(即富连成科班前身)。

1909年，17岁，在富连成科班排全本《三国志》中饰演曹操，博得"活曹操"的美称。

1917年出科后开始搭班，陆续参加了吴铁庵、谭小培、刘鸿声等人的班社。

1921年加入杨小楼的崇林社，与杨合演大轴《长坂坡》《阳平关》《战宛城》《冀州城》《连环套》。同时还在时慧宝的"裕群社"、俞振庭的"双庆社"演出，年底又搭高庆奎的"庆兴社"演出。

1922年1月，侯喜瑞加入程砚秋组班的"和声社"，10月8日至11月9日随和声社在上海亦舞台演出。

1923年，天津李士伟家堂会，压轴侯喜瑞与言菊朋、章小山演出《宝莲灯》，大轴为程砚秋、程继先《奇双会》。

1923年3月10日，程砚秋于北京华乐园日场首演《红拂传》。程砚秋饰红拂，郝寿臣饰虬髯公，郭仲衡饰李靖，侯喜瑞饰杨素。

1923年8月18日，程砚秋于北京华乐园日场首演《风流棒》。程砚秋饰李珠英，王又荃饰荆瑞草，侯喜瑞饰石总兵，荣蝶仙、郭仲衡、张春彦合作演出。

1924年8月8日，程砚秋改组"和声社"为"鸣盛社"，侯喜瑞加入其社。

1925年侯喜瑞加入梅兰芳的"承华社"，直到1929年底梅赴美国止。

梅兰芳所演《太真外传》，侯饰安禄山。全部《宇宙锋》，侯饰赵高。《凤还巢》侯饰周公公，均为原排。

1925年8月20日，"鸣盛社"改为"鸣和社"，侯喜瑞继续参加班社演出。

1925年8月30日，中和夜场，压轴尚小云、言菊朋、侯喜瑞《宝莲灯》，大轴尚小云、言菊朋、筱翠花《四五花洞》。

1925年9月12日，中和日场，尚小云、言菊朋、侯喜瑞首演《林四娘》。

1925年12月12日，程砚秋于北京三庆园日场首演《文姬归汉》。程砚秋(饰蔡文姬)与王又荃、王瑶卿、郭仲衡、贯大元、周瑞安、侯喜瑞、曹二庚合作演出。

1926年2月5日，杨小楼重组的"忠庆社"在新明戏院演出夜戏，压轴言菊朋《法场换子》，大轴杨小楼、侯喜瑞、钱金福、九阵风《战宛城》。

1926年2月20日，筱翠花所组"又兴社"在明星戏院白天演出，压轴筱翠花、孙毓、侯喜瑞《战宛城》，大轴言菊朋、王幼卿《汾河湾》。

1926年5月29日，程砚秋于北京华乐园日场首演《沈云英》。程砚秋饰沈云英，王又荃、文亮臣、郭仲衡、吴富琴、周瑞安、侯喜瑞、曹二庚合作演出。

1927年4月30日，程砚秋于北京华乐园日场首演《朱痕记》。程砚秋饰赵锦棠，张春彦饰朱春登，侯喜瑞饰李仁，文亮臣饰朱母，曹二庚饰宋成，李四广饰宋母，慈瑞泉、慈少泉饰两衙役。

1928年，侯喜瑞应"胜利唱片社"之约，灌制了他一生唯一的一批唱片：《长坂坡》《九龙杯》《红拂传》《阳平关》《盗御马》。

1928年12月3日，程砚秋首次赴武汉演出，配演的有贯大元、郭仲衡、侯喜瑞，演于新市场大舞台。从12月3日到12日，演出了《花舫缘》《玉堂春》《红拂传》《鸳鸯冢》《红鬃烈马》等新老剧目。程砚秋首次来武汉，大受欢迎，天天满座。

1928年12月14日至12月16日三天，程砚秋与一同首次赴武汉演出的贯大元、郭仲衡、侯喜瑞等为鄂北工赈会义演。

1929年2月21日，程砚秋二次赴武汉演出。因为程砚秋首次赴武汉演出卖座太好，刚过春节，汉口民乐园内举办"中华国货展览会"，又聘请其来演出一个月。这次随来的有谭小培、侯喜瑞，武旦九阵风。武汉演出归来后搭徐碧云之"云庆社"，在开明演夜戏。5月18日，言菊朋、侯喜瑞《失街亭》压轴，大轴为徐碧云《虞小翠》。

1929年，荀慧生首演全部《得意缘》，侯饰狄龙康。

1930年1月，在第一舞台为某校筹款，大轴言菊朋、侯喜瑞、雯君女士合演《法门寺》。

1930年1月30日，广德楼由"斌庆社"演出，其中压轴演出剧目为侯喜瑞、陈富瑞、曹玺彦《阳平关》。

1931年，侯喜瑞与王瑶卿、九阵风、芙蓉草、程玉菁、郭仲衡等，赴天津新新戏院连演一至十二本《雁门关》。

1931年8月，程砚秋于北京中和园首演《春闺梦》。程砚秋饰张氏，俞振飞饰王恢，哈宝山饰曹襄，吴富琴饰李氏，文亮臣饰刘氏，苏连汉饰赵克妈，曹二庚饰李信，李四广饰孙氏，侯喜瑞饰公孙瓒，慈少泉饰丫鬟。

1934年12月12日，程砚秋、俞振飞、侯喜瑞合演《聂隐娘》于中和戏院。

1935年4月10日，程砚秋率"鸣和社"三次赴武汉演出。主要配角除贯大元、侯喜瑞外，新增小生俞振飞。此次演出共演12天。最后三天为满足观众要求加售站票。此后"鸣和社"赴湖南演出。

1935年10月28日，程砚秋于北京中和园首演《亡蜀鉴》。程砚秋饰李氏，侯喜瑞饰邓艾，曹二庚饰马邈。此戏仅演两场后即遭禁演。

1936年1月，言菊朋之"春元社"易班名为"宝桂社"，3月12日，赴天津演于北洋大戏院。同行有周瑞安、侯喜瑞等。

1937年4月9日，程砚秋于上海黄金大戏院首演《费宫人》。程砚秋饰费贞娥，俞振飞饰崇祯帝，侯喜瑞饰李闯，钟喜久饰李过，吴富琴饰公主。

1937年4月21日，侯喜瑞参加程砚秋所组"秋声社"。

1937年12月18日，侯喜瑞与李多奎、奚啸伯、沈蔓华、张春彦、王泉奎、周瑞安、茹富蕙、陈盛泰、扎金奎等合演《甘露寺·美人计·回荆州·芦花荡》。

1950年，侯喜瑞与尚小云、谭小培在北京华乐戏院演出《法门寺》。毛泽东微服简从到场看戏。

1951年抗美援朝，侯喜瑞等中国戏曲学校的老艺术家纷纷请缨，要为捐献飞机大炮粉墨登场，先后于大众剧场共举行了五场义演，第四场侯与张德俊、姜妙香、谭小培、马德成、贯大元演出了《黄鹤楼》。

1955年，在北京中山音乐堂，他最后一次演出《马踏青苗》。

1956年8月28日，天津市京剧团举行成立演出。首场杨宝森大轴《失空斩》，侯喜瑞配演马谡。此次演出为救场，代替临时生病的刘砚亭，与杨宝森合作演出三天。演出结束后，他将演出报酬全部送给病中的刘砚亭，自己分文不取。同行义气当先，侯老高风亮节一时传为佳话。

1957年侯喜瑞收马崇仁为徒。

1959年侯喜瑞收袁国林为徒。

1961年12月22日，上海文化局和剧协上海分会联合举行观摩演出会，邀请中国戏曲学校教师侯喜瑞、刘仲秋、钱宝森和宁波市京剧团老艺人小毛豹分别演出京剧《牛皋下书》《打棍出箱》《坐楼杀惜》。

1962年1月15日，侯喜瑞收赵志远为徒。侯喜瑞在北京崇文门里鸿宾楼收天津17岁的赵志远为徒，是为侯喜瑞的关门弟子。拜师会十分隆重，萧长华、马连良、谭富英、苏连汉、叶盛兰、裘盛戎等到场祝贺。随后，侯老手把手亲传侯派代表戏：《阳平关》《连坏套》《取洛阳》《牛皋下书》《青凤寨》《法门寺》《回荆州·芦花荡》等。

1962年1月，在文化部礼堂与董维贤、雷喜福、曹连孝合演《群英会》，侯饰曹操，徒弟马崇仁饰黄盖。

1962年，侯喜瑞应邀与天津京剧团合作举办花脸大会。古稀老人剃须登台，演出了《法门寺》《璎球山》《牛皋下书》，三天演出盛况空前。

1962年，与姜妙香、雷喜福合作在复兴门广播剧场演出《群英会》，侯饰黄盖，北京电视台作现场实况转播。

1962年12月3日，萧长华85岁寿辰，各界举办晚会为其祝寿，梨园内外群英荟萃。侯喜瑞大轴演出《牛皋下书·回书》。这是侯喜瑞最后一次登台演出。

1962年应马连良校长的邀请，他第二次到北京市戏曲学校任教传艺。

1966年8月22日，侯喜瑞等北京市文化局和文联的作家、艺术家和干部共29人在文庙被批斗毒打。

1981年，侯喜瑞收李荣威、齐啸云等七个学生，拜师会在手帕胡同口的回民餐厅举行。

1982年，侯喜瑞收了一生最后一个学生——苏州吴江戏校教师符云山，亲自传授给他一出《阳平关》的曹操。

1982年，侯喜瑞出席了由文化部、全国剧协举办的"侯喜瑞艺术生活80周年纪念会"。一位艺术家在为他庆祝艺术生活80周年时，本人健在并且还能亲临现场，这在梨园近百年历史中可以说是绝无仅有。

1983年2月22日农历癸亥年正月初十日，侯喜瑞在北京手帕胡同56号家中逝世，享年92岁。

后　记

在中国京剧史上，侯喜瑞先生作为花脸行当的一代宗师，与金少山、郝寿臣鼎足而三，在戏剧界内外都有着极为深远的影响。这种影响，一方面表现在具体剧目及表演上，给观众带来了刻骨铭心的舞台印象，如侯喜瑞先生所扮演的窦尔敦、曹操、马武、张飞、牛皋等一系列角色，都是舞台经典，每一个都倾注了他一生的心血；另一方面则表现在艺术指导原则及精神领域，侯喜瑞先生所达到的高度成就。这种成就，与他所处时代的文化背景是一致的，与谭鑫培、杨小楼、余叔岩、梅兰芳这些剧坛领袖是一致的，都是中国传统写意戏剧体系的最高典范。

然而由于时代条件所限，侯喜瑞先生没能留下太多影音资料，这使得众多后学者无从下手，只能从一些残章断简中揣摩侯喜瑞先生的舞台艺术。久而久之，原本脍炙人口的侯派花脸艺术，竟逐渐成为了京剧流派艺术中的一个濒危物种。

所幸在20世纪50年代末到60年代初，根据梅兰芳大师的倡议，相关单位为侯喜瑞、于连泉、钱宝森等名家拍摄了系列的身段照片，并结集出版。当时由于正处于困难时期，为侯喜瑞先生所拍摄的大量剧照无法使用彩色胶卷，原拟在拍摄完成后手工上色，但这种做法失真严重，只得作罢。故而当年为侯喜瑞先生出版的《学戏与演戏》一书，主要收录了侯先生《连环套》《战宛城》的剧照及素身示范照，许多拍摄记录的原始资料并没有收录其中。

时隔六十年后，当年为侯喜瑞先生拍摄的三百余张照片，在多方努力搜集下终于得以完整面世，也就是这本图典上编的主体内容。赵致远老师作为侯喜瑞先生的亲传弟子，对侯派艺术有着极为系统深入的认识，这些照片所属的剧目、场次、台词、身段、锣经，他都了然于胸。经过他认真细致地注解，这些历史照片具有了更多的舞台实用价值，诠释了侯派艺术的风格原貌，这本图典也真正成为了一本信史。

在这本图典编辑过程中，许多师友都提供了无私的帮助。和宝堂先生与吴赣生先生，对本图典的编辑有很大的支持。在进行照片原版扫描的基础上，上海交通大学通讯工程学博士、业余曲友张苏本着修旧如旧的原则，逐一做了修版工作，使得这些历史资料重新焕发了光彩。但令人遗憾的是，侯喜瑞先生素身示范《盗马》的119张原版照片，由于多种原因还深藏于私人手中，未能收入到这本图典中。

这本图典得以顺利出版，要特别感谢上海戏校的郭宇院长、贡献国书记、陈为瑀老师，他们慧眼识珠，认识到这些史料的价值所在，对出版工作鼎力支持，为京剧艺术教学与研究留下了一个重要范本。并且校领导决定在这个范本的基础上，有步骤地请赵致远老师录音录像，形成一个系统的立体化教材，这对于传统艺术的教学传承工作是功莫大焉的。中西书局的秦志华社长、编辑唐少波老师、美编梁业礼老师，在这本图典从成型到付梓的过程中，都付出了大量努力。大家多方协作，才最终促成了这部京剧花脸经典艺术史料的问世。

古人说"持故为新"，这本图典的出版，是对京剧史料的一个整理汇编，但这仅仅是一个基础工作，我们的目的并不仅限于此。希望这些珍贵的史材，能为今天的舞台表演者提供一个样板与佐证。更重要的是，希望这些史料所承载的艺术精神与思想，能被今后的继承者沿用到舞台实践中去，创造出更多具有生命力的舞台形象，让国剧世世代代延续下去，这才是出版这本图典的根本命意所在。

张斯琦

2015年9月于上海戏校

图书在版编目(CIP)数据

一代名净侯喜瑞/上海戏剧学院附属戏曲学校编,赵致远编注.
— 上海:中西书局,2015.11
ISBN 978-7-5475-0802-2

Ⅰ.①一… Ⅱ.①上… Ⅲ.①侯喜瑞(1892~1983)—传记 Ⅳ.①K825.78

中国版本图书馆CIP数据核字(2015)第040666号

一代名净侯喜瑞

上海戏剧学院附属戏曲学校 编 赵致远 编注

封面题签\邓元昌　　责任编辑\唐少波　　装帧设计\梁业礼
出版\上海世纪出版集团 中西书局(www.zxpress.com.cn)
地址\上海市打浦路443号荣科大厦17F（200023）
发行\上海世纪出版股份有限公司发行中心
经销\各地 新华书店　印刷\上海天地海设计印刷有限公司
开本\890×1240毫米 1/16　印张\12.25
版次\2015年11月第1版　2015年11月第1次印刷
书号\ISBN 978-7-5475-0802-2／K·160
定价\88.00元